ANNA,

ou

LA DEMOISELLE DE COMPAGNIE.

Com.-vaud. en un acte.

Par M. Xavier.

Représentée pour la 1re fois
sur le théâtre
du Gymnase des Enfants,
le 30 juillet 1834.

PARIS. ISIDORE. PESRON. LIBRAIRE-EDITEUR.

SAYALOS   ANDREW. REST. LEIDIS.

Prix: 50 centimes.

ANNA,

OU

LA DEMOISELLE DE COMPAGNIE,

COMÉDIE-VAUDEVILLE EN UN ACTE,

PAR M. XAVIER,

Représentée pour la première fois,
sur le théâtre du Gymnase des Enfants,
le 30 juillet 1834.

Yth
957

PARIS.

I. PESRON, LIBRAIRE-ÉDITEUR.

13, rue Pavée-Saint-André-des-Arcs.

1837.

Personnages.

LA GRANDE DUCHESSE. . Mlles CLARA.

EMMELINE, jeune baronne.   ANASTASIE.

ANNA, demoiselle de compa-
gnie. . . . .   MÉLANIE.

LE COMTE ARTENTIRCO-
VEMBERGMENGIMERMA-
NINI. . . . . MM. CHARTRAIN.

TOURLOUMANN, valet. . .   BRANCHE.

La scène se passe dans un des petits états d'Allemagne.

ANNA

ou

LA DEMOISELLE DE COMPAGNIE.

Com -vaud. en un acte.

Par M. Xavier.

Représentée pour la 1re fois
sur le théâtre
du Gymnase des Enfants,
le 30 juillet 1834.

PARIS: ISIDORE PESRON LIBRAIRE-EDITEUR

BAYALOS

ANDREW. BEST. LELOIR.

Autorisé
par le Ministre de l'Intérieur.

IMPRIMERIE DE TERZUOLO, RUE DE VAUGIRARD, N° 11.

ANNA,

OU

LA DEMOISELLE DE COMPAGNIE.

———◆———

Le théâtre représente un salon.

———

SCÈNE PREMIÈRE.

LE COMTE, *seul.*

Et la fille du baron qui n'arrive pas !... je suis au supplice... mon absence peut être remarquée à la chasse... c'est qu'il y a de quoi me faire disgracier, si la grande duchesse s'en aperçoit. D'un autre côté, je ne pouvais refuser ce service au baron, grand chambellan de son altesse. (*A Tourloumann.*) Hé bien, Tourloumann?

SCÈNE II.

TOURLOUMANN, LE COMTE.

TOURLOUMANN, entrant par la porte du fond.

Monsieur le comte, j'ai parcouru tout le château et une partie du parc sans pouvoir rencontrer mademoiselle.

LE COMTE.

As-tu cherché partout ?

TOURLOUMANN.

Partout, monsieur le comte, excepté dans la bibliothèque; mais je suis bien sûr qu'elle n'y est pas.

LE COMTE.

Comment?...

TOURLOUMANN.

C'est que, sauf le respect que je lui dois, mademoiselle est bien la plus fameuse ignorante de tous les petits états du saint empire....

LE COMTE.

Qui te demande cela, indiscret?

TOURLOUMANN.

Personne, monsieur le comte, c'est vrai. .

LE COMTE.

Hé bien, alors, tais-toi... la baronne a perdu sa mère si jeune, qu'il est naturel que son éducation ait souffert... et le baron grand chambellan de la duchesse a bien autre chose à faire.

TOURLOUMANN.

Oh! je ne prétends pas que ce soit par la faute de monsieur le baron; il a envoyé à mademoiselle assez d'institutrices; mais elle a toujours trouvé moyen de s'en débarrasser; l'une était trop triste, l'autre trop gaie, celle-ci trop savante, celle-là trop ignorante... bref, il n'y a que mademoiselle Anna qui ait pu résister à tous ses caprices... et encore!...

LE COMTE.

Si le baron a négligé l'éducation de sa fille, il n'a pas trop surveillé celle de son valet : tu es bien le plus dangereux perroquet que l'on puisse rencontrer... Mais puisque je ne puis voir mademoiselle de Cromberg, voici une lettre que tu lui remettras de ma part ; elle est de son père....

TOURLOUMANN.

Voulez-vous bien me dire votre nom, monsieur le comte ?...

LE COMTE.

Ne le sais-tu pas ?...

TOURLOUMANN.

Je ne dis pas non... monsieur le comte ; mais je ne peux jamais m'en souvenir.....

LE COMTE.

Hé bien, rappelle-toi une fois pour toutes que je suis le comte *Artentircovembergmengimorma-nini.*

(Il sort.)

SCÈNE III.

TOURLOUMANN, *seul.*

Arlentico ber men gi mer... au diable le nom !
Moi, si je m'appelais comme ça, je ne pourrais
pas me nommer sans avoir besoin de boire un
coup... après.

(*On entend gronder l'orage.*)

Diable ! voici un orage affreux qui se prépare :
le temps est noir comme s'il allait tomber une pluie
de corbeaux... ça va joliment arranger le grand
duc et sa suite qui chassent dans la forêt... et les
curieux du château vont-ils être saucés ; c'est
bien fait, on n'a pas voulu m'y laisser aller... tout
ce qui me désole c'est que monsieur l'intendant
a emporté son parapluie... sans ça il serait revenu
avec une tête grosse comme une citrouille... sa
perruque prend l'eau comme une éponge.... Et
mademoiselle Gertrude, la femme de charge, qui

s'est mise sur son *dix-huit*... pauvre demoiselle Gertrude, va !...

AIR : *Un homme pour faire un tableau.*

Avec ses paniers, dans les bois
Ell' fera d' l'effet, j'en suis sûre ;
Il me semble que je la vois :
Oh ! la bonne caricature !
Notre grand duc, en la voyant,
Ne la prendra pas, sur mon âme,
Pour un' femm' de charge vraiment,
Mais bien pour un' charge... de femme.

SCÈNE IV.

EMMELINE, TOURLOUMANN.

EMMELINE, derrière la scène.

Tourloumann !... Tourloumann !... Tourloumann !...

TOURLOUMANN.

Ah ! la voici... elle m'appelle... me voilà, mademoiselle ; où étiez-vous donc ? je vous ai assez cherchée....

EMMELINE.

Je t'ai bien vu, mais ça m'amusait de te faire courir, et je ne me suis pas dérangée..... Sans doute, mademoiselle Anna voulait me donner ma leçon?...

TOURLOUMANN.

Pardon, c'était pour vous remettre cette lettre de monsieur le baron votre père.

EMMELINE.

Qui te l'a donnée?...

TOURLOUMANN.

C'est monsieur le comte *Haricot... vem... ber...* je ne sais plus quoi... il y a toujours de l'haricot dans ce nom-là....

EMMELINE.

Ah! c'est le grand écuyer M. *Artentircovem-bergmengimermanini.*

TOURLOUMANN.

C'est ça... (*A part.*) Elle ne lit pas, et pour (*Fausse sortie.*)

EMMELINE.

Reste avec moi, je n'aime pas être seule pendant l'orage....

TOURLOUMANN.

Mais, mademoiselle, je ne suis pas un paratonnerre.

EMMELINE.

C'est égal, reste... quand on est deux, on ne meurt pas seul.

TOURLOUMANN.

Merci... ça fera que mademoiselle aura un domestique tout porté dans l'autre monde.

EMMELINE.

Où est mademoiselle Anna ?...

TOURLOUMANN.

Votre demoiselle de compagnie... je ne l'ai pas vue depuis ce matin, que je l'ai trouvée dans le parc, où elle cherchait des simples.

EMMELINE, souriant.

Alors je ne suis pas étonnée qu'elle t'ait rencontré. Elle étudie la botanique, à présent... encore une manie ; cette jeune personne-là veut tout savoir.

TOURLOUMANN.

Dame, puisqu'elle est chargée de vous instruire.

EMMELINE.

Elle n'a pas besoin de se donner tant de peine, je n'apprendrai pas tout ça....

TOURLOUMANN.

Oh ! je ne dis pas non... vous en êtes bien capable. (*A part.*) Quand il s'agit de ne rien apprendre....

EMMELINE.

Je ne trouve rien de plus insupportable qu'une femme ayant toujours le nez fourré dans les livres.

TOURLOUMANN, à part.

Elle a ses raisons pour ça.

EMMELINE.

N'est-il pas vrai?

TOURLOUMANN.

Je ne dis pas non... mais, pourtant, quand une jeune personne ne fait pas d'embarras de sa science, il lui est bien permis d'en avoir, sans cesser d'être aimable... voyez mamzelle Anna....

Air du vaud. de *l'Ours et le pacha.*

Bien qu'la lectur' soit de son goût
Ell' ne néglig' pas son ouvrage;
Elle trouve du temps pour tout,
Çà va faire un' femm' de ménage.
Chez ell' chaque chose a son tour,
La science en rien n' la dérange;
Elle brode comme un amour,
Elle tricote comme un ange.

EMMELINE.

Oui, comme un ange qui tricote... je suis sûre que depuis un an qu'elle est ici, elle a usé à moitié la bibliothèque de papa.

TOURLOUMANN.

On ne peut pas faire ce reproche à mademoiselle ; elle conserve bien les livres neufs... je ne vous en ai pas vu ouvrir un depuis le séjour de deux mois que monsieur le baron a fait ici l'an passé... même je me rappelle que vous pleuriez toujours en lisant un certain petit ouvrage relié en parchemin....

EMMELINE.

C'était la grammaire.

TOURLOUMANN.

Il faut que c't ouvrage-là soit bien *sentimentible* : vous a-t-il fait verser des torrens de larmes !

EMMELINE.

Je pleurais parce que ça m'ennuyait....

TOURLOUMANN.

Bah ! bah ! bah ! ça vous ennuyait. Dieu de dieu ! y en a-t-il des goûts dans la nature !... Tenez moi, tel que vous me voyez, j'adore la lecture... et pourtant je ne sais pas lire.

EMMELINE.

Et comment t'es-tu aperçu de ce goût ?

TOURLOUMANN.

Je m'en suis aperçu parce que je suis dévoré de l'envie de m'instruire.... Quand je vois des gens assez heureux pour lire l'almanach... qui savent à point nommé quand il y aura de la lune... je ne me possède plus, je suis enragé.

EMMELINE.

Vraiment?

TOURLOUMANN.

Oh! j'ai déjà essayé d'apprendre; j'avais entendu dire que par la fameuse méthode Jacotot, il n'était pas besoin de savoir pour montrer : ça faisait joliment mon affaire. Pour lors, je suis allé trouver Pétermann, le vacher de la ferme : tu ne sais pas lire, que je lui dis, ni moi non plus ; montre-moi, je te montrerai, par la méthode Jacotot ; là-dessus, nous avons acheté un livre... Imaginez-vous qu'il n'y a pas eu moyen d'en dégoiser *une grigne*... nous sommes restés la bouche sous le nez, absolument comme deux bourriques bridées devant une botte de foin....

EMMELINE , gaiement.

Cela n'est pas surprenant... Ah ! je te céderais volontiers les leçons de mademoiselle Anna.

TOURLOUMANN.

Oh ! je ne dirais pas non, si vous vouliez....

EMMELINE.

Malheureusement, l'éducation est autant au-dessus des gens de ton espèce, qu'elle est au-dessous des personnes de mon rang.

TOURLOUMANN.

Voici mademoiselle Anna.

(*L'orage augmente ; on voit quelques éclairs.*)

SCÈNE V.

ANNA, EMMELINE, TOURLOUMANN.

ANNA.

Mademoiselle, une dame surprise par l'orage

vous demande l'hospitalité.,. veuillez, je vous prie, lui faire ouvrir la grille du parc.

EMMELINE.

Quel est son nom ?...

ANNA.

Mademoiselle, j'aurais cru commettre une inconvenance en la laissant exposée aux injures du temps pour prendre ces informations.

EMMELINE.

Mademoiselle, il serait beaucoup plus inconvenant de recevoir dans ce château une femme quelconque sans connaître sa condition.

ANNA.

Cependant...

Air du vaud, de *la Quarantaine.*

Quand pour éviter l'ouragan
Quelqu'un chez vous se réfugie,
Pauvre valet ou courtisan,
Que fait sa généalogie ?
Que l'on soit grand seigneur ou non,

Quand la pluie à flots nous inonde,
Le paysan et le baron
Sont tout mouillés malgré leur nom :
Car l'eau coule pour tout le monde. (*bis.*)

EMMELINE.

C'est possible, mademoiselle... mais comme nous ne sommes plus dans le temps de la chevalerie errante, le château de mon père n'est point une hôtellerie ouverte aux aventuriers....

ANNA.

Mais, mademoiselle, le langage, les manières affables de cette dame, indiquent une personne bien élevée... sa physionomie est pleine de douceur.

EMMELINE.

Une petite bourgeoise ou une marchande.

Air de *l'Apothicaire.*

Quittant son aune et son comptoir
Avec son air gauche et bonace ,
Du grand duc elle a voulu voir
Aujourd'hui, sans doute, la chasse.

Ça punira sa vanité :
On ne doit pas, dans la roture,
Avoir de curiosité
Quand on n'a pas une voiture.

TOURLOUMANN.

Je ne dis pas non, mais...

EMMELINE.

Je n'aime pas les réflexions... Tourloumann,
allez dire à cette femme que le château du baron
de Cromberg n'est point une auberge.

TOURLOUMANN, sortant.

Le bon petit cœur !...

SCÈNE VI.

ANNA, EMMELINE.

ANNA.

Mais, mademoiselle, réfléchissez à ce que vous
faites. Cette dame est seule... à la pluie ; tous les

jours vous pouvez vous trouver dans la même position.

EMMELINE.

Moi, fi donc!... cela est impossible... au nom du baron de Cromberg, il n'est pas un manant dans le duché qui ne se trouve très-honoré de me donner l'hospitalité, et pas un gentilhomme qui ne m'accueille avec distinction.

ANNA.

Hélas ! qui peut répondre de la fortune ?

EMMELINE.

Assez, mademoiselle : mon père vous a placée près de moi pour me donner des leçons de musique et de grammaire, et non des leçons de morale. A propos, tenez, voici une lettre qu'il m'écrit.

ANNA.

Et que vous dit-il, ce bon parrain ?

EMMELINE.

Vous savez bien que je ne puis déchiffrer son écriture.

ANNA.

Est-il bien possible, mademoiselle, que vous ne veuillez pas apprendre des choses qu'il est si honteux d'ignorer à votre âge?

EMMELINE.

Bien !... bien !... mon père m'en dit sans doute autant que vous... lisez, il est inutile d'entendre deux fois la même chose.

ANNA, lisant.

« Ma chère enfant, j'espère que grâce aux le-
»çons de ta jeune amie, tu as fait quelques pro-
»grès; s'ils sont tels que je le présume, je m'em-
»presserai de te mettre sur les rangs pour rempla-
»cer mademoiselle de Blümenthal, auprès de la
»duchesse, en qualité de fille d'honneur.

EMMELINE.

Fille d'honneur ! j'irai à la cour... que je vais être heureuse !...

ANNA.

Et moi je redoute ce moment pour vous... je crains bien qu'on vous refuse.

EMMELINE.

Pourquoi cela, s'il vous plaît ?

ANNA.

Votre ignorance...

EMMELINE.

C'est bon, c'est bon... continuez la lecture....

ANNA, lisaut.

» Je n'ai pu encore parler à la jeune duchesse
»pour ma pauvre filleule Anna... j'attends un
»moment favorable pour intéresser son altesse
» au sort de mon vieil ami... Traite sa fille comme
» une sœur... enfant d'un proscrit, elle a des droits
»à tes égards.... » Que de bonté !...

EMMELINE.

Est-ce tout ?...

ANNA, tournant la page.

Non, voici un post-scriptum... « Mon enfant, il
»est important pour toi que je t'avertisse d'un pe-
»tit stratagème que doit employer la duchesse

»afin de t'observer.... Demain, pendant la chasse
»du grand duc, elle se présentera au château,
»sans escorte, et gardera l'incognito... » Ciel !...
mais demain, c'est aujourd'hui.

EMMELINE.

Comment, c'est aujourd'hui demain ?

ANNA.

Mais oui, la lettre est datée d'hier... et Tourloumann que vous avez envoyé refuser la porte à
cette dame... si c'était la duchesse ?

EMMELINE.

Grand Dieu ! que dites-vous là ?...

ANNA.

Il se pourrait.

EMMELINE.

Mais que faire ?... Ah ! faut-il que je ne sache
pas bien lire !

ANNA.

Mais, vite, courons donner contre-ordre.

EMMELINE va pour sortir.

Mais voici Tourloumann avec une dame.

ANNA.

C'est la même.

EMMELINE, se laissant tomber sur un fauteuil.

Ah! je ne me soutiens plus... Qu'ai-je fait?...
que lui répondre?

SCÈNE VII.

TOURLOUMANN, LA DUCHESSE, ANNA,
EMMELINE.

TOURLOUMANN, annonçant.

Son altesse souveraine madame la duchesse!

EMMELINE, troublée, à part.

C'est elle... (*Haut.*) Madame....

LA DUCHESSE.

Je conçois votre confusion, mademoiselle ; elle est toute naturelle.

EMMELINE.

Pardonnez-moi, madame la duchesse, j'ignorais...

LA DUCHESSE, avec ironie.

Vous ignoriez que c'était moi, n'est-il pas vrai? j'en suis persuadée.

EMMELINE.

Si j'eusse pensé que votre altesse daignât honorer ce château de sa visite...

LA DUCHESSE, avec ironie.

Sans doute, vous nous eussiez mieux reçue... mais alors votre mérite à être charitable eût été petit.

Air de *la Colonne*.

Toujours près d'un grand personnage
Les courtisans sont empressés;
Mais, par malheur, il est d'usage
De voir leurs soins intéressés.

Leurs soins pour nous sont tous intéressés,
Je n'aime pas qu'on donne pour reprendre :
C'est un trafic que l'on doit condamner ;
Il n'est généreux de donner
Qu'aux gens qui ne peuvent pas rendre.

Ici, c'est différent, il faut décliner ses titres pour entrer.

EMMELINE.

Mais, madame, ce valet, sans doute, n'a pas fait ce que je lui avais ordonné....

LA DUCHESSE, à Tourloumann.

Quoi... auriez-vous de votre chef?...

TOURLOUMANN.

Je ne dis pas non, madame la duchesse ; c'est vrai, j'ai dépassé les ordres de mademoiselle... elle m'avait recommandé de ne pas vous ouvrir la grille... j'en avais bien l'intention ; mais dame, ce n'est pas ma faute si votre altesse m'a dit d'un ton qui ne badinait pas... Ouvre, je te l'ordonne au nom de la grande duchesse... sinon je te fais administrer la schlague ! Et moi qui respecte autant son altesse que je crains la schlague, je l'avoue, j'ai violé ma consigne.

ANNA, bas à Tourloumann.

Taisez-vous, malheureureux, vous perdez mademoiselle.

TOURLOUMANN.

Dame, je me blanchis... je ne veux pas avoir la schlâgue... bien des pardons, madame la duchesse ; mais je ne suis pas fâché que çà se soit expliqué devant votre altesse... parce que mademoiselle aurait trouvé le moyen de me faire avoir tort devant monsieur l'intendant.

LA DUCHESSE.

Eh bien, qu'avez-vous à répondre à cela ?

EMMELINE.

Si mademoiselle m'eût fait de votre altesse un portrait plus digne d'elle, j'aurais pu vous reconnaître.

LA DUCHESSE.

Mais à l'accueil que nous a fait cette jeune personne, nous ne croyons pas l'avoir effrayée ; vous nous avez donc dépeinte d'une manière bien peu avantageuse ?

ANNA.

Pardon, madame la duchesse ; mademoiselle s'est méprise... voici le portrait que j'ai fait de votre altesse :

Air : *Une robe légère.*

J'ai dit : sur son visage
Respire la candeur ;
Sa voix et son langage
Sont remplis de douceur.
Excusez-moi, madame ,
Si votre majesté
A moins frappé mon âme
Que votre air de bonté.

TOURLOUMANN.

C'est vrai.

EMMELINE, bas.

Te tairas-tu ?...

LA DUCHESSE, à Anna.

Tres-bien, ma belle enfant !... Et quel est votre emploi dans ce château ?

ANNA.

Monsieur le baron m'a placée près de mademoiselle, à titre de demoiselle de compagnie.

TOURLOUMANN.

C'est-à-dire d'institutrice.

EMMELINE, bas.

Impertinent, sortez.

(*Il sort.*)

꘡꘡꘡꘡꘡꘡꘡꘡꘡꘡꘡꘡꘡꘡꘡꘡꘡꘡꘡꘡꘡꘡꘡꘡꘡

SCÈNE VIII.

EMMELINE, LA DUCHESSE, ANNA.

LA DUCHESSE.

Vous êtes chargée de l'éducation de mademoiselle... si jeune ?

ANNA.

Madame la duchesse, je me borne à aider mademoiselle de mes faibles conseils... quand je le
puis... Mes connaissances sont bien peu de chose
encore.

LA DUCHESSE, à part.

De la modestie!... mais c'est très-bien.

Air : *Les maris ont tort.*

Ici votre rougeur atteste
En vous un esprit excellent ;
Car un langage humble et modeste
Est l'enseigne du vrai talent.

(*A Emmeline.*)

Pour vous, plus vaine et plus frivole,
Je vous engage à l'imiter ;
On vous a mise à bonne école,
Tâchez au moins d'en profiter.

EMMELINE, à part.

Je suis au supplice.

LA DUCHESSE.

Mademoiselle, il est nécessaire que je répare le
désordre que l'orage a mis dans ma toilette, veuillez me faire préparer un appartement. (*A Anna.*)
Restez auprès de nous, ma bonne petite.

(*Emmeline sort.*)

SCÈNE IX.

LA DUCHESSE, ANNA.

Approchez... nous avons quelques renseignements à vous demander sur mademoiselle de Cromberg.

ANNA.

Je suis aux ordres de votre altesse... (*A part.*) Tâchons de réparer sa faute, s'il est possible.

LA DUCHESSE.

Admise dans l'intimité de la fille du baron, personne mieux que vous ne peut nous rendre ce petit service : c'est la vérité que je vous demande.

ANNA, à part.

La vérité ! que dire ?

LA DUCHESSE.

L'offense qu'elle vient de nous faire nous a forte-

ment indisposée contre elle... Cependant, avant
de lui refuser tout-à-fait notre affection, nous vou-
lons savoir ce que vous pensez de son cœur.

ANNA.

Je supplie votre altesse de ne pas la juger trop
sévèrement ; elle est plus étourdie que méchante.

LA DUCHESSE.

Songez que je vous rends responsable de ce
que vous allez dire.

ANNA.

Quel embarras !...

LA DUCHESSE.

C'est de votre réponse que dépendra son ad-
mission à notre cour.

ANNA.

Ah ! madame la duchesse, recevez-la : il n'est
pas douteux qu'elle n'y devienne parfaite quand
elle vous aura pour modèle.

LA DUCHESSE, à part.

Elle est charmante. (*Haut.*) Son éducation a
été, dit-on, bien négligée ?...

ANNA.

Mais, madame la duchesse, la faute en est au dévouement de monsieur le baron à votre altesse. S'il ne s'est pas occupé de l'éducation de sa fille, c'est qu'il est tout entier à votre service ; le punirez-vous de son zèle ?

LA DUCHESSE, à part.

Aussi bonne que gentille... (*Haut.*) Vous voulez m'intéresser à la fille par les services du père ?

ANNA.

Ah ! madame la duchesse, ne lui suffit-il pas, pour obtenir votre bienveillance, que votre altesse sache qu'elle ne reçut jamais un baiser de sa mère... elle l'a perdue au berceau.

LA DUCHESSE, à part, s'essuyant les yeux.

Pauvre jeune fille !...

ANNA.

Ah ! votre altesse la plaint ; elle n'hésitera pas à la rendre heureuse....

LA DUCHESSE.

Pour trouver son malheur si grand, vous aimiez donc bien votre mère, mon enfant ?

ANNA, avec émotion.

Oh ! oui, madame la duchesse, je l'aimais bien ; elle était si bonne, ma mère... ma pauvre mère !

LA DUCHESSE.

Bonne petite, seriez-vous donc orpheline ?

ANNA.

Il ne me reste plus que mon père... (*A part.*) Ciel !... qu'allais-je dire ? Si elle savait que je suis fille d'un proscrit !...

LA DUCHESSE.

Que fait-il, votre père ?

ANNA.

Artiste obscur et chargé de famille, il habite la France, et c'est moins encore à cause de mes petits talents que pour soulager notre indigence, que monsieur le baron m'a prise chez lui....

LA DUCHESSE, à part.

Bonne petite ! quel malheur pour toi que l'étiquette s'oppose à ce qu'une pauvre enfant devienne fille d'honneur!... (*Haut.*) Dites-moi, mon
petit ange, le séjour de la cour vous plairait-il ?

ANNA.

Ah ! madame la duchesse, je ne m'ennuie nulle
part.

AIR : *Rendez-moi ma patrie.*

Dans une solitude
Je trouve des plaisirs;
Au travail, à l'étude,
Se bornent mes désirs.
Si, bravant la misère
Et fuyant la grandeur,
J'étais près de mon père,
Là serait mon bonheur.
C'est auprès de mon père
Que serait mon bonheur.

SCÈNE X.

EMMELINE, ANNA, LA DUCHESSE.

EMMELINE.

L'appartement de madame la duchesse est préparé ; son altesse veut-elle permettre ?...

LA DUCHESSE.

Les soins de l'une de vous deux nous suffiront. (*A Anna.*) Venez, ma petite... (*Avec douceur.*) A bientôt, ma belle demoiselle.

ANNA, à part.

Que je suis contente !... elle lui a parlé avec plus de douceur....

SCÈNE XI.

EMMELINE, puis TOURLOUMANN.

EMMELINE, d'abord seule.

C'est affreux à la duchesse de me préférer, à moi, haute et puissante fille de baron, une demoiselle de compagnie, enfant d'un noble déshonoré par une mésalliance... et d'une Française sans nom... Elle me le paiera, la petite intrigante.

TOURLOUMANN, entrant.

Mademoiselle, monsieur le grand écuyer de son altesse, vous savez, monsieur le comte *abricot vem men ber gi...* je ne sais plus comment.

EMMELINE.

Artentircovembergmengimermanini.

TOURLOUMANN, à part.

Elle l'a encore dit d'une seule bouchée. (*Haut.*)

Hé bien donc, monsieur le comte *Artentrico*... et
cétéra, m'envoie savoir s'il peut prendre les ordres de madame la duchesse.

EMMELINE.

Plus tard, elle est à sa toilette... Mais tu viens
à propos, toi, pour que je te félicite des sottises
que tu as faites aujourd'hui.

TOURLOUMANN.

Mademoiselle, je ne dis pas non... mais j'exé-
cutais vos ordres.

EMMELINE.

Hé ! tu ne le devais pas... quand tu as vu la
grande duchesse en personne.

TOURLOUMANN.

Mais voilà justement ce que je n'ai pas vu, car
vous conviendrez qu'elle n'a pas plus l'air d'une
grande duchesse que moi.

Air : *Pauvre petit-fils d'Henri-Quatre.*

Je pensais qu'un' grande duchesse
Avait d' grands pieds, avait d' grands bras,

Et je supposais son altesse
Si grand', qu'ell' n'en finissait pas.
J'savais que quand ell'se promène
Pour la voir on s'met sens d'sus-d'sous ;
J' croyais qu' c'était un phénomène
Comme on en montre pour deux sous. (bis.)

Oui, pour deux sous... et au lieu d'une duchesse de six pieds et quelques pouces, qu'est-ce que je vois ?... une femme ordinaire, un brin de duchesse de rien du tout....

EMMELINE.

Mais à son langage tu devais comprendre....

TOURLOUMANN.

Je ne dis pas non... si j'étais comme vous, né en Italie ; mais nous autres Suisses, nous avons la *comprenoire* bouchée, au point qu'il faut qu'une idée fasse au moins trente-sept fois le tour de notre intelligence avant d'entrer dedans.

EMMELINE.

Vous êtes tous des imbéciles.

TOURLOUMANN.

Je ne dis pas non... mais pourtant, sauf votre respect, mademoiselle, il y a bien encore quelques gens d'esprit qui, comme moi, ne reconnaissent pas les personnes, surtout quand ils ne les ont jamais vues.

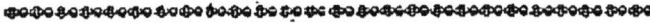

SCÈNE XII.

EMMELINE, ANNA, TOURLOUMANN.

ANNA.

Tourloumann, courez sur-le-champ au rendez-vous de chasse, prévenir la suite de madame la duchesse de venir la chercher au château... allez vite, je vous prie.

EMMELINE.

Restez.

TOURLOUMANN.

Allez, restez... voilà deux choses difficiles à faire à la fois.

EMMELINE.

Restez, vous dis-je. Mademoiselle, personne autre que moi n'a d'ordre à donner aux domestiques du château.

ANNA.

Je ne faisais que transmettre ceux de madame la duchesse.

EMMELINE.

Il me semble qu'il était au moins convenable de me prier de ce soin... mais il paraît que je ne suis plus ici qu'au second rang.

ANNA.

Dieu me préserve, mademoiselle, de porter atteinte à vos droits... recevez mes excuses et ordonnez....

EMMELINE.

Allez, Tourloumann...

TOURLOUMANN, à part.

C'était bien la peine de faire tant d'embarras pour dire la même chose un peu plus malhonnêtement... (*Haut.*) Mais j'y pense, est-ce que je peux charger de la commission monsieur l'écuyer *Artichot van giber...* vous savez bien ?

ANNA, avec malice.

Mais vous n'ignorez pas que je n'ai point d'ordres à vous donner ; demandez à mademoiselle.

TOURLOUMANN.

Mademoiselle , *peux-je* charger monsieur *artichot... abricot... haricot...* comme vous voudrez.

EMMELINE.

Ne voyez-vous pas que mademoiselle s'égaie à vos dépens... faites ce qu'il vous plaira. Allez.

(*Il sort.*)

SCÈNE XIII.

EMMELINE, ANNA.

EMMELINE.

Hé bien, mademoiselle, vous voilà bien en cour !
Je vous en félicite.... votre conduite est méri-
toire.

ANNA, étonnée.

Mais, que voulez-vous dire ?

EMMELINE, avec ironie.

Comment donc ?... mais votre petit manége pour
me supplanter près de la duchesse !... C'est très-
beau... cette modestie feinte devant elle !... Tout
cela est charmant.

ANNA, avec douceur.

Mais, mademoiselle, je n'avais d'autres vues
que de vous servir près d'elle.

EMMELINE, avec ironie.

Je vous remercie de la protection que vous voulez bien m'accorder.

ANNA, avec noblesse.

La fille d'un proscrit, mademoiselle, ne protége personne, et votre ironie est bien cruelle... si par-là vous voulez me faire sentir tout ce que je vous dois.... Du reste, croyez-bien....

EMMELINE, avec emportement.

Je crois, je crois que vous êtes une petite intrigante, qui, par des mensonges, avez indisposé madame la duchesse contre moi.

ANNA, indignée.

Mentir! ah mademoiselle! écoutez-moi, et jugez vous-même.

Air : *Pourquoi pleurer.*

Ai-je menti ? (*bis.*)
Quand j'ai dit : la jeune baronne
Peut avoir l'esprit étourdi ;
Mais au fond du cœur, elle est bonne ;
Ai-je menti ? (*bis.*)
Ah ! répondez, ai-je menti ?

EMMELINE.

Je ne vous crois pas... vos menées sont trop
évidentes, votre coquetterie est sans bornes :
voyez un peu ce nœud de ruban ! (*Elle l'arrache.*)
Ne vous sied-il pas bien de vous faire remarquer,
vous, dont le nom proscrit peut compromettre
mon père ?... Sortez, et pendant le séjour de la
duchesse au château, ne reparaissez pas au salon....

ANNA, à part.

Oh ! mon père ! inspire-moi... comment intéresser la duchesse à ton sort.... Plus d'espoir !

EMMELINE.

Voici son altesse... sortez !

(*Anna sort.*)

SCÈNE XIV.

EMMELINE, puis LA DUCHESSE, qui entre en lisant.

EMMELINE.

Enfin, je n'aurai plus de rivale à craindre.

LA DUCHESSE.

Ah! vous voilà seule, mademoiselle; qu'avez-vous fait de votre jeune amie?

EMMELINE.

Ma demoiselle de compagnie... je suis aux ordres de votre altesse.... Je puis la remplacer près d'elle.

LA DUCHESSE.

Nous souhaitons pour vous, mademoiselle, qu'en toute occasion vous soyez capable de la remplacer : c'est une jeune personne pleine de mérite et d'instruction.

EMMELINE, à part.

Il paraît qu'il faut que j'entende son éloge !...

LA DUCHESSE.

Elle nous a tellement intéressée que je désire la revoir ; veuillez la faire venir.

EMMELINE.

Faisons semblant d'y aller... (*Haut.*) Votre altesse va sur-le-champ être obéie....

SCÈNE XV.

LA DUCHESSE , seule.

Je crois que la pauvre Anna a bien fait d'appeler mon intérêt sur la jeune baronne ; elle est gentille cette enfant, et sa faute est plus excusable que je ne l'avais d'abord pensé... Seule dans ce château, elle ne pouvait décemment y recevoir les premiers venus.... Décidément, je récompenserai les services du baron en prenant Emmeline pour ma fille d'honneur, et je pourrai, sans

blesser l'étiquette, avoir cette bonne petite Anna
à ma cour.

Air : *Le noble éclat du diadème.*

Le noble nom de sa famille
Ici n'a point séduit mon cœur,
C'est le talent dont elle brille,
C'est sa bonté, c'est sa douceur.
Si le mérite est au village,
Essayons par ruse, en ce jour,
A la suite d'un personnage
De le faire entrer à la cour.

SCÈNE XVI.

LA DUCHESSE, EMMELINE.

EMMELINE.

Madame la duchesse, Anna ne peut se rendre
aux ordres de votre altesse, elle se plaint d'une
indisposition....

LA DUCHESSE.

Qnoi ! la pauvre enfant est malade ? conduisez-
moi près d'elle.

EMMELINE.

Ce serait abuser de la bonté de votre altesse ;
Anna est malade si l'on veut....

LA DUCHESSE.

Comment ?

EMMELINE.

Oui, madame la duchesse, elle a ses vapeurs....

LA DUCHESSE.

Quoi ! elle aurait des instants d'humeur ?...
moi qui lui croyais un si joli caractère !

EMMELINE.

Votre altesse est si indulgente !

LA DUCHESSE.

Si son sort était plus heureux, cela cesserait
peut-être.

EMMELINE.

Il est possible que votre altesse ait raison... cependant, je crois que ses occupations contribuent à

la rendre maussade ; rien n'est ennuyeux comme une savante.

LA DUCHESSE.

Si ce n'est une ignorante... Et la société de mademoiselle Anna n'est pas fort agréable alors ?

EMMELINE.

Oh ! votre altesse a bien raison, surtout quand elle a ses nerfs... oh ! c'est qu'elle est nerveuse !... des colères !... il faut voir....

LA DUCHESSE.

Moi qui la croyais si douce ! Et vous seriez bien contente de quitter ce château ?

EMMELINE.

Oh ! oui, madame la duchesse....

LA DUCHESSE.

Pour venir à la cour ?

EMMELINE.

Auprès de votre altesse ; ah ! c'est le rêve de ma vie !

LA DUCHESSE.

Bien, bien, mademoiselle.... Et quels sont les plaisirs que vous vous promettez à la cour?

EMMELINE.

Air : *O bords heureux du Gange.*

Matin et soir parée...

LA DUCHESSE.

Matin et soir parée...

EMMELINE.

J'aurai des diamants.

LA DUCHESSE.

De très-beaux diamants.

EMMELINE.

Je vais être admirée!

LA DUCHESSE.

Vous serez admirée!

EMMELINE.

J'aurai des compliments!

LA DUCHESSE.

Beaucoup de compliments!

ENSEMBLE.

EMMELINE.

Quelle douce espérance
Me fait battre le cœur !
Tous mes rêves d'enfance
Ont mis là mon bonheur.

LA DUCHESSE.

Quelle vaine espérance
Lui fait battre le cœur !
Doux rêves de l'enfance,
Vous n'êtes qu'une erreur.

EMMELINE.

Puis nuit et jour en fête....

LA DUCHESSE.

Puis nuit et jour en fête...

EMMELINE.

Je prétends tour-à-tour

LA DUCHESSE.

Vous voulez tour-à-tour

EMMELINE.

Faire tourner la tête...

LA DUCHESSE.

Faire tourner la tête...

EMMELINE.

Aux dames de la cour.

LA DUCHESSE.

Aux dames de la cour.

ENSEMBLE.
{ Quelle douce espérance
Me fait, etc.
Quelle vaine espérance
Lui fait, etc.

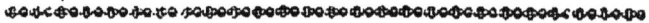

SCÈNE XVII.

LA DUCHESSE, EMMELINE, TOUR-LOUMANN.

TOURLOUMANN.

Les ordres de son altesse sont exécutés; sa suite va se rendre ici.

LA DUCHESSE.

Très-bien ; maintenant, allez dire à notre médecin, qui suit la chasse, de se rendre sur-le-champ près de mademoiselle Anna, et de nous faire un rapport sur sa santé.

TOURLOUMANN.

Mais, madame la duchesse, elle n'est pas malade.

LA DUCHESSE.

Obéissez... je veux qu'il la saigne pour lui apprendre à bouder.

TOURLOUMANN.

Mais votre altesse se trompe : mademoiselle Anna est une jeune personne qui ne boude pas ; ce serait la première fois de sa vie.

EMMELINE.

Taisez-vous, Tourloumann ; madame la duchesse ne vous demande pas d'observations... Anna est malade....

TOURLOUMANN.

Je ne dis pas non ; ça été bientôt passé... car,

écoutez-la, elle chante... Oh! c'est qu'elle a une
voix à faire envie aux rossignols!...

LA DUCHESSE.

En effet... chut!

TOURLOUMANN.

Elle étudie une romance française toute nou-
velle.

(*Ici, Anna chante une romance à son choix, dans
la coulisse.*)

LA DUCHESSE.

Comment? elle a l'audace... ah! nous saurons
punir son caprice.

TOURLOUMANN.

Mais, madame la duchesse, on a trompé votre
altesse; telle vous l'avez vue, telle vous la verrez
toujours.

LA DUCHESSE, à part.

Il y a dans tout ceci....

EMMELINE, bas à Tourloumann.

Te tairas-tu, imbécile!

TOURLOUMANN.

Dam, pourquoi mademoiselle veut-elle qu'elle ait des caprices.... Certainement vous êtes bien aimable; mais, pour le mal que je vous veux, je vous souhaiterais de lui ressembler.

LA DUCHESSE.

Allez la chercher ; dites que j'ordonne qu'elle vienne....

(Tourloumann sort.)

SCÈNE XVIII.

EMMELINE, LA DUCHESSE.

EMMELINE, à part.

Comment tout cela finira-t-il ?...

LA DUCHESSE.

Serait-ce une perfidie ? Serais-je le jouet d'une enfant ?

EMMELINE.

Si je pouvais prévenir Anna.

LA DUCHESSE.

Où allez-vous, mademoiselle ?

EMMELINE.

Au-devant d'Anna, madame la duchesse, pour l'engager à obéir à votre altesse.

LA DUCHESSE.

C'est inutile ; si elle s'y refuse, nous saurons l'y contraindre.

EMMELINE, à part, fortement agitée.

C'en est fait ; cet aveu peut la perdre ; mais il faut d'abord me sauver... à quelque prix que ce soit... (*Haut.*) Madame la duchesse, il est un secret que je voudrais pouvoir cacher, mais que, dans l'intérêt d'Anna, je dois déclarer à votre altesse.

LA DUCHESSE.

Hé bien ?...

EMMELINE.

Tout ce que je vous ai dit n'était qu'un pré-
texte inventé par elle pour vous fuir... Fille d'un
proscrit, elle craignait vos questions sur sa nais-
sance....

LA DUCHESSE.

D'un proscrit... et le nom de son père ?

EMMELINE.

Le comte d'Olfred; il fut exilé pour une mésalliance, il épousa une femme du peuple, une
marchande... et, déshérité de vos bontés, il ne
craignit pas de déroger jusqu'à travailler pour
vivre....

LA DUCHESSE.

Je connais cette affaire-là. (*A part.*) Pauvre
comte d'Olfred, encore une victime de l'étiquette
de la vieille cour....

EMMELINE.

Mon père eut la faiblesse de recevoir sa fille.

LA DUCHESSE.

Votre père a mon estime... c'est le plus beau trait de sa vie, il n'abandonna pas son ami dans la disgrâce... mais la voici.

EMMELINE, à part.

Tout conspire contre moi... je voulais la desservir... et j'intéresse la duchesse à son sort.

LA DUCHESSE, à part.

Pauvre enfant, si malheureuse !... Ah ! je n'aurai pas la force de la gronder....

SCÈNE XIX.

TOURLOUMANN, ANNA, LA DUCHESSE, EMMELINE.

TOURLOUMANN.

Madame la duchesse, mademoiselle ne vou-

lait pas venir, si je ne lui eusse dit qu'on allait la
saigner aux quatre veines....

LA DUCHESSE.

Bien, il n'est plus question de cela... seule-
ment nous trouvons mal que vous alliez chanter
dans le parc, comme dit Tourloumann, à faire
envie aux rossignols, tandis que nous avons des
oreilles qui seraient flattées de vous entendre.

ANNA.

Madame...

LA DUCHESSE.

Vous avez une belle voix, autant que j'ai pu en
juger.

EMMELINE.

Madame la duchesse, elle est moins agréable
de près que de loin....

LA DUCHESSE, sans l'écouter.

Vous avez étudié la musique ?...

EMMELINE.

Fort peu, madame la duchesse....

LA DUCHESSE.

C'est à mademoiselle que je fais cette question.

ANNA.

Mon père, musicien lui-même... m'a donné quelques leçons.

EMMELINE.

Cela ne fait rien ; vous ne pouvez chanter devant son altesse....

LA DUCHESSE, à Emmeline.

Mademoiselle chante sans doute beaucoup mieux ?

TOURLOUMANN, à part.

Oui, à peu près aussi bien que je joue du violon.

EMMELINE.

Je prie votre altesse de me pardonner ; je suis très-enrhumée.

LA DUCHESSE.

Nous ne nous en étions pas aperçue.

TOURLOUMANN.

Ni moi non plus....

LA DUCHESSE.

Eh bien, ma belle enfant, nous vous attendons.

EMMELINE.

Hé quoi, vous osez... madame la duchesse, elle chantera mal, horriblement mal.

LA DUCHESSE.

J'aime à entendre mal chanter, moi ; et si ce n'est pas assez mal, vous chanterez après.

TOURLOUMANN, à part.

Et moi ensuite... (*Haut.*) Mademoiselle...

la fille du proscrit que vous chantez si souvent...
ça tire les larmes des yeux....

ANNA.

Air : *Guide mes pas, ô divine sagesse.*

Ah ! plaignez-moi, car j'ai perdu mon père ;
Il est parti pour ne plus revenir !
Pauvre proscrit, sur la terre étrangère
Loin de sa fille, hélas ! il doit mourir.
Mourir bien loin de sa belle patrie,
De ses amis sans entendre la voix,
Sans embrasser une fille chérie,
Ah ! n'est-ce pas mourir deux fois !

LA DUCHESSE, émue.

Très-bien, ma chère amie, vous avez un talent
admirable et une sensibilité si naturelle... qu'on
ne peut vous entendre sans être touchée....

(*La duchesse l'embrasse.*)

TOURLOUMANN, à part.

Oh ça y est... ça y est... je suis touché... je
pleure comme une Madeleine... je fonds en larmes.

SCÈNE XX ET DERNIÈRE.

ANNA, TOURLOUMANN, LA DUCHESSE, EMMELINE, LE COMTE.

LE COMTE, à Tourloumann.

Annonce-moi....

TOURLOUMANN.

Votre nom est si long qu'on s'y perd; voulez-vous bien avoir la bonté de me le souffler?

LE COMTE.

Soit.

TOURLOUMANN.

Monsieur le comte Arten....

LE COMTE.

Tir....

TOURLOUMANN.

Tir....

LE COMTE.

Co....

TOURLOUMANN.

Co....

LE COMTE.

Vem....

TOURLOUMANN.

Vem....

LE COMTE.

Berg....

TOURLOUMANN.

Berg....

LE COMTE.

Men....

TOURLOUMANN.

Men....

LE COMTE.

Gi....

TOURLOUMANN.

Gi....

LE COMTE.

Mer....

TOURLOUMANN.

Mer....

LE COMTE.

Ma....

TOURLOUMANN.

Ma....

LE COMTE.

Nini...

TOURLOUMANN.

Nini... est-ce fini ?

LE COMTE.

Oui.

TOURLOUMANN.

Merci, monsieur... (*A part.*) Est-ce fatigant pour les domestiques, des noms pareils....

LE COMTE.

La suite de madame la duchesse attend ses ordres....

LA DUCHESSE.

Monsieur le comte, je cherchais une fille d'honneur, je l'ai trouvée.

LE COMTE, saluant Emmeline.

Je félicite mademoiselle ; son altesse ne pouvait faire un meilleur choix.

LA DUCHESSE.

Oh ! pardon, monsieur le comte... c'est par ici qu'il fallait adresser vos félicitations.

LE COMTE, à Anna.

Je félicite mademoiselle... son altesse ne pouvait faire un meilleur choix....

ANNA, à genoux.

Ah ! madame, vous ne me connaissez pas... fille d'un proscrit....

LA DUCHESSE.

Relevez-vous, comtesse d'Olfred... votre père est rappelé à la cour.

ANNA.

Mon père !

LE COMTE.

Mais l'étiquette, madame la duchesse ?

LA DUCHESSE.

Monsieur le comte, laissez-nous jouir du plus beau de nos droits, celui de pardonner en récompensant la vertu... (*A Emmeline.*) Et vous, mademoiselle, souvenez-vous que l'intrigue et l'envie ne mènent jamais à rien.

ANNA.

Ah ! madame, pardonnez-lui ; son père fut mon bienfaiteur.

LA DUCHESSE.

L'avenir appartient à mademoiselle ; qu'elle se corrige, et nous verrons plus tard.

EMMELINE, à part.

Quelle humiliation ! (*A Anna, qui la console.*) Ah ! ne me plaignez pas, j'ai mérité mon sort.

TOURLOUMANN.

Mademoiselle Anna, emmenez-moi avec vous.

LE COMTE.

Si vous avez besoin d'un indiscret et d'un imbécile.

LA DUCHESSE.

Ils sont quelquefois nécessaires à la cour pour
démasquer les hypocrites... vous nous suivrez.

TOURLOUMANN.

Vous voyez donc bien, monsieur l'écuyer, que
les imbéciles trouvent leur place... (*à part*) à
pied comme à cheval... Moi je serai une bête à
pied.

CHŒUR.

Air : *Allons, de la philosophie.*

Vive le choix de son altesse !
Le ciel toujours bénit les grands
Qui récompensent la sagesse
Et la science et les talents.

FIN.

Maison de commission en Librairie

d'**ISIDORE PESRON**, libraire-éditeur à **PARIS**,

13, rue Pavée-St-André-des-Arcs.

LIVRES DE FONDS.

NOUVEAUX OUVRAGES D'ÉDUCATION

Sur papier fin des Vosges,
avec couvertures imprimées, ornés de charmantes
vignettes
gravées sur acier.

—

Mlle S. ULLIAC TRÉMADEURE.

LA PIERRE DE TOUCHE.

1 vol. in-8. . . . . 7 fr. 50 c.
Le même ouvrage, 2 vol. in-12, 4 figures. 6 fr.

La Société pour l'Instruction Élémentaire vient de décerner
à cet ouvrage

LA MÉDAILLE D'HONNEUR.

*La Reine vient de faire prendre pour ses bibliothèques un
bon nombre d'exemplaires.*

LAIDEUR ET BEAUTÉ.

1 vol. in-12, papier fin, 4 jolies gravures, 2 fr. 50 c.

L'INSTITUTRICE.

1 vol. in-12, orné de 4 jolies gravures, 3 fr.

Suite des ouvrages de mademoiselle S. Ulliac Trémadeure.

LE PETIT BOSSU

ET LA FAMILLE DU SABOTIER.

La Société pour l'Instruction Élémentaire a décerné à cet ouvrage, dans sa Séance générale du 19 mai 1833,

LE PRIX EXTRAORDINAIRE

proposé pour le premier bon livre de lecture courante.

Ce même ouvrage a remporté, le 9 août 1834,

A L'ACADÉMIE FRANÇAISE, UN PRIX MONTYON.

(Ces éditions, faites sous les yeux de l'auteur, portent seules sa signature.)

Troisième édition, 1 vol. in-12, papier fin des Vosges, orné de 4 gravures sur acier, par MONTAUT D'OLORON. . . . . . . 3 fr.
Deuxième edition, 2 vol. in-18, papier fin, 4 jolies grav. 2 fr.
—— papier ordinaire, sans figures. . . . 1 fr. 25 c.

La Reine vient de faire prendre pour ses bibliothèques un bon nombre d'exemplaires.

LES DIMANCHES DU VIEUX DANIEL.

2 vol. in-18, pap. fin, 4 jolies gravures, 2 fr.

LES SOUVENIRS DU GRAND-PAPA.

2 vol. in-18, pap. fin, 4 jolies gravures, 2 fr.

UNE HISTOIRE.

1 vol. in-12, orné de 4 jolies gravures, 3 fr.

Madame MÉLANIE WALDOR.

LE LIVRE DES JEUNES FILLES.

1 vol. in-12, orné de 4 jolies gravures, 3 fr.

La Reine a fait prendre un bon nombre d'exemplaires de cet ouvrage.

Madame Wander-Burck.

RICHESSE ET PAUVRETÉ.

1 vol. in-12, orné de 4 jolies gravures, 3 fr.

Madame Manceau, maîtresse de pension.

PRÉVENTION ET SENTIMENT,

OU LETTRES D'UNE JEUNE PERSONNE A SON INSTITUTRICE.

1 vol. in-12, orné de 4 gravures sur acier, 3 fr.

VEILLÉES D'UNE MÈRE DE FAMILLE.

SIX NOUVELLES POUR L'ADOLESCENCE.

1 vol. in-12, orné de 4 jolies gravures, 3 fr.

TRAITS HISTORIQUES,

FABLES ET CONTES.

1 vol. in-12, 6 jolies gravures, 3 fr.

James Fergusson, traduit par Quétrin.

ASTRONOMIE DES DEMOISELLES,

OU ENTRETIENS ENTRE UN FRÈRE ET SA SŒUR SUR LA MÉ-
CANIQUE CÉLESTE, DÉMONTRÉE ET RENDUE SENSIBLE SANS
LE SECOURS DES MATHÉMATIQUES.

1 vol. in-12, enrichi de plusieurs figures ingénieuses servant à rendre les
démonstrations plus claires. 3 fr. 50 c.

MÉTHODE MNÉMOTECHNIQUE POLONAISE

INVENTÉE

Par M. A. Jazwinski,

Docteur en philosophie, capitaine d'artillerie polonaise.

Approuvée par nos premières sociétés savantes, et adoptée dans un grand nombre d'institutions.

La société des *Méthodes d'enseignement* et l'*Athénée des Arts* ont décerné à l'inventeur **DEUX MÉDAILLES D'ARGENT.**

APPLICATION A LA CHRONOLOGIE ET A L'HISTOIRE.

La Méthode, 1 vol. in-8°; orné de 17 planches.	3 fr.	»
Carte chronographique pour l'étude de l'Histoire Universelle depuis l'ère vulgaire jusqu'à Louis-Philippe		
Une feuille sur papier Jésus. } Explic. de ladite, broc. in-12. {	1	80
La même carte, coloriée avec le plus grand soin.	4	»
Exercices de Chronologie ancienne et moderne, in-8°.	2	»
Chronologie ancienne et moderne, apprise par un enfant âgé de *neuf* ans, in-8°.	1	25
Tableau pour l'étude de l'Histoire de France, sans autres signes que les couleurs.		75
Tableau symbolique des siècles; une feuille, avec explication par une demoiselle âgée de *treize* ans.		60
Tableau muet de 20 siècles servant aux exercices, une feuille.		30
Tableau muet pour les initiales. (Il en faut 10 par élève.) Chaque		15

Tableau muet d'un siècle. (Il en faut 20 par élève.)   5

Boîte de 200 jetons coloriés.   50

Le prix de chaque tableau sur toile varie depuis 40 cent. jusqu'à 1 fr., suivant la grandeur.

Collage sur carton, 30 et 40 cent.

POUR LA DÉMONSTRATION DANS LES ÉCOLES ET PENSIONS.

Collection de 120 armoiries et emblèmes.   7   »

Tableau en toile avec agrafes pour ladite collection.   3   »

Grand tableau sur toile pour l'*Etude des rois de France*, sans autres signes que les couleurs.   5   »

Grand tableau *muet* de 20 siècles, sur toile.   4   »

     Tous les tableaux, cartes, brochures, etc., etc., portent la signature de l'inventeur.

OUVRAGES D'INSTRUCTION DE M. PEIGNÉ.

—

TABLEAUX DE LECTURE

Seuls ADOPTÉS *après concours public* (octobre 1835), par la Société pour l'instruction élémentaire, adoptés par le *Conseil royal de l'Instruction publique*, par le *Ministre de la Guerre* pour les écoles régimentaires, et par le comité central d'Instruction primaire du département de la Seine. (46 tableaux).   1 fr. 25 c.

Le même ouvrage, 1 vol. in-12 (5e édition).   60 c.

NOUVEAU SYLLABAIRE.

Ouvrage adopté par le Conseil royal de l'Instruction publique, et mis en rapport avec les tableaux de lecture.
         10 c.

Suite des ouvrages de M. Peigné.

NOUVEAUX TABLEAUX DE GRAMMAIRE

Adoptés par le Comité central d'Instruction primaire du département de la Seine.

(48 tableaux, avec les exercices).   5 fr.
Le même ouvrage, 1 vol. in-12.   1 fr. 25 c.

ÉLÉMENTS DE LA GRAMMAIRE FRANÇAISE

par Lhomond; édition corrigée, annotée et enrichie, pour la première fois, de dictées analytiques et orthographiques en regard du texte. (*Cet ouvrage vient d'être adopté par le Conseil royal de l'instruction publique.*) 1 volume in-12.   broché 50 c.

DICTIONNAIRE ABRÉGÉ

DES INVENTIONS DANS LES SCIENCES ET DANS LES ARTS,

2 vol. in-18. 1 fr. 50 c.

(Cet ouvrage est recommandé par M. D. Lévi, professeur de littérature et d'histoire.)

MÉTHODE D'ÉCRITURE CURSIVE

Mise en harmonie avec la méthode de lecture : 24 modèles oblongs, gravés par Picquet, graveur du roi. 1 fr. 50 c.

NOUVEAU DICTIONNAIRE DE POCHE
DE LA LANGUE FRANÇAISE,

1 vol. in-32 de 600 pages.   1 fr.

(Ce Dictionnaire renferme au moins 6,000 mots de plus que la *dernière* édition (1836) du Dictionnaire de l'Académie.)

Feu O. Perrin, du Finistère.

GALERIE BRETONNE.

Mœurs, Usages et Coutumes des Bretons de l'Armorique; gravée sur acier par Réveil ; avec texte explicatif par

MM. P. Perrin et Alex. Bouet, précédé d'une Notice sur la vie et les ouvrages de O. Perrin, par M. Alex. Duval, de l'Académie française.

60 livraisons in-8°, composées chacune de deux gravures et du texte. A 50 c. papier ordinaire, 75 c., avec gravures —sur papier de Chine : 10 c. en sus pour les départements.

Il en paraît 3 par mois, 36 sont en vente.

—

Ph. Dufour, D. M.

ESSAI SUR L'ÉTUDE DE L'HOMME

Considéré sous le double point de vue de la vie animale et de la vie intellectuelle. 2 vol. in-8°, pap. fin sat., 12 fr., et par la poste, 15 fr.

RÉPERTOIRE

DU GYMNASE DES ENFANTS,

OU CHOIX DES PIÈCES DE CE THÉATRE,

DÉDIÉ AUX PENSIONS.

Jolie édition en miniature in-18, papier fin des Vosges, couvertures imprimées, dessin de Tellier, gravé sur bois par Andrew, Best et Leloir.

PIÈCES MISES EN VENTE, formant les Tomes I et II :

Le Chateau en Loterie, ou le Savetier propriétaire, comédie-vaudeville en deux actes. Prix. 75 c.

Le Début de Talma, comédie-vaudeville en un acte. 50

Les Deux Jumelles, comédie-vaudeville en un acte. 50 c.

(Ces trois pièces forment le tome I.)

ORGUEIL ET IGNORANCE, comédie-vaudeville en un
acte.   50

UNE DISTRIBUTION DE PRIX, comédie-vaudeville, en
un acte.   50

UNE MATINÉE A VINCENNES, comédie-vaudeville en
un acte.   50

LE POT AU LAIT, fable de Lafontaine mise en ac-
tion ; un acte.   50

(Ces quatre pièces forment le tome II.)

ANNA, ou une Demoiselle de compagnie, coméd.
vaud. en un acte.   50

LES GITANOS, ou le Prince et le Chevrier, coméd.
vaud. en un acte.   50

L'ENFANCE DE LOUIS XIV, comédie-vaudeville en un
acte.   50

Il paraît une ou deux pièces par mois.

Prix, en un acte, 50 cent.; en deux actes et plus, 75 cent.

Chaque volume du RÉPERTOIRE DU GYMNASE DES ENFANS contiendra QUATRE PIÈCES EN UN ACTE, OU TROIS PIÈCES EN UN ACTE ET UNE EN DEUX OU TROIS ACTES. Le prix du volume sera de 1 fr. 50 c. pour les personnes qui souscriront pour la totalité du Répertoire.

Mᵐᵉ CHARRIER, née C. BOBLET.

ANALYSE GRAMMATICALE

SIMPLIFIÉE ET RAISONNÉE.

(1ʳᵉ partie de la grammaire.)

1 vol. in-12.   2 fr.

Cet ouvrage a obtenu

1° L'approbation de l'Académie Française ;

2° Un rapport très-avantageux de la société grammaticale ;

3° Une mention honorable de la Société d'encouragement pour les lettres et les beaux-arts.

(Séance publique, 3 mai 1836.)

Imprimerie de TERZUOLO, rue de Vaugirard, n° 11.

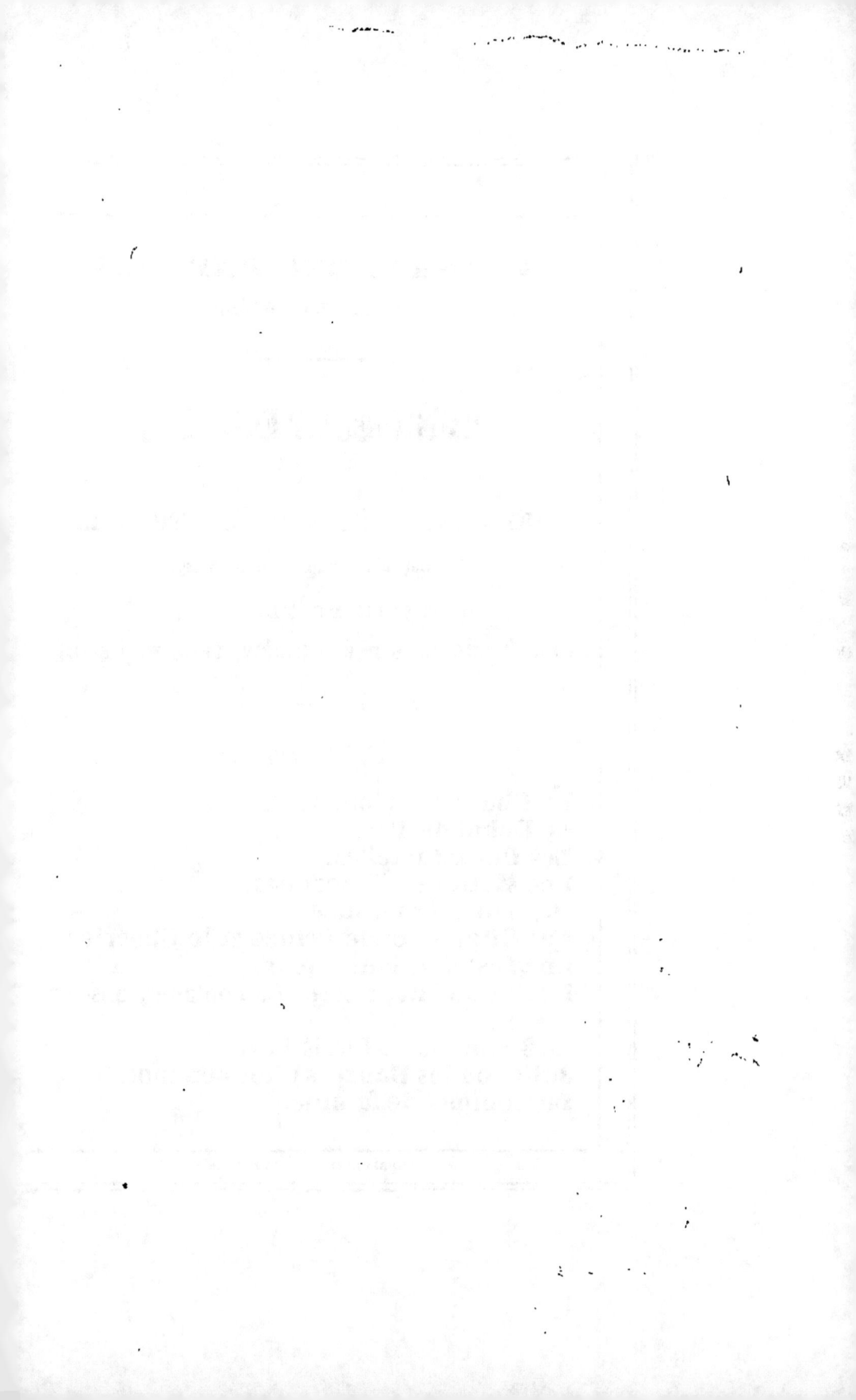

GYMNASE DES ENFANTS,

PASSAGE DE L'OPÉRA.

RÉPERTOIRE,

OU

CHOIX DES PIÈCES DE CE THÉATRE.

Format in-18, papier fin des Vosges.

DESSIN DE TELLIER,

GRAVÉ SUR BOIS PAR ANDREW, BEST ET LELOIR.

EN VENTE :

Le Château en loterie.
Le Début de Talma.
Les Deux Jumelles.
Une Matinée à Vincennes.
Orgueil et ignorance.
Les Gitanos, ou le Prince et le Chevrier.
Une Distribution de prix.
Le Pot au lait, fable de La Fontaine, mise en
   action.
La Jeunesse de Louis XIV.
Julia, ou les Dangers d'un bon mot.
Le Complot de famille.

--- IMPRIMERIE DE TERZUOLO ---